PÂTES & Gnocchis

• MARABOUT CÔTÉ CUISINE •

MARABOUT CÔTÉ CUISINE

Publié pour la première fois en Allemagne sous le titre original, *Italienish Kochen mit Christian Teubner und Carlo Bernasconi*.

Crédits photo : page 1 © Akiko Ida

Traduction : Silke Hass et Ella Lewandowski

Mise en page : Sophie b.

ISBN : 250103457-0

Dépôt légal : n°8539 - janvier 2001

Achevé d'imprimé en Italie par Milanostampa.

Pâtes fraîches

Pour faire des pâtes fraîches, une machine à pâtes est très pratique. Pourtant, les italiens préfèrent souvent faire leurs pâtes entièrement à la main, avec un rouleau à pâtisserie, une planche en bois et les ustensiles nécessaires pour découper la pâte.

Les formes

Vous trouverez surtout des pâtes fraîches plates de largeurs différentes, comme les lasagnes ou les cannellonis. Pour les autres pâtes farcies, il faut également une abaisse de pâte, qu'il s'agisse de raviolis, d'*agnolotti*, de tortellini, de *pansotti*. Dans l'abaisse, on découpe des ronds, des carrés ou des rectangles qui seront repliés sur la farce. On peut placer la farce en petites portions, la recouvrir d'une deuxième abaisse et découper les pâtes avec un emporte-pièce. Pour certaines, pas besoin de découper les abaisses : les *orecchiette* s'obtiennent en coupant un mince boudin de pâte en petites portions égales que l'on presse une à une avec le pouce sur le plan de travail. Les pâtes trouées comme les *garganelle* ou les *fusilli* en spirales, se préparent à la main en roulant des morceaux d'abaisse autour d'une baguette en bois.

À faire soi-même

Les pâtes fraîches toutes prêtes de bonne qualité sont difficiles à trouver. Pourquoi ne pas les préparer vous-même ? Exceptée la farine appropriée au type de pâtes que vous souhaitez réaliser, les ingrédients sont faciles à trouver : des œufs frais, du sel fin (car le gros sel tache la pâte) et de l'huile d'olive. Avec une recette de base vous réaliserez la plupart des variétés de pâtes. Tous les ingrédients doivent être à température ambiante pour obtenir une pâte bien souple. Sortez donc les œufs du réfrigérateur à l'avance. Le matériel indispensable : une grande planche en bois, un rouleau à pâtisserie très long ou bien un laminoir-découpeur, une machine à pâtes. Si votre cuisine est trop petite pour faire sécher les pâtes à plat, il est possible d'utiliser un "sèche-pâtes" italien en bois, sinon improvisez : petit séchoir à linge, barreaux d'une chaise....

ou pâtes sèches ?

Les pâtes sèches

Même en Italie, la plupart des pâtes sèches ne sont plus faites " maison ". Les formes sont si variées que certaines sont parfois difficiles à confectionner chez soi. Elles sont de toutes les couleurs : jaune d'or, vert épinard, noir sépia ou même rouge tomate. Évitez d'acheter des pâtes séchées farcies, comme les tortellinis.

Quelle forme de pâte choisir ?

En Italie on ne se pose même pas la question, on sait qu'avec un ragoût de lapin, les pâtes plates, comme les *pappardelle*, sont l'accompagnement idéal ; pour une simple sauce à l'huile d'olive, à l'ail et aux *peperoncini*, on choisit toujours les spaghettis. Les pâtes à la bolognaise sont en général des tagliatelles ; une sauce tomate épaisse ou une aux légumes plutôt avec des pâtes trouées, courtes ; enfin, à la crème on choisit des *fusilli*. Les pâtes n'absorbent pas les sauces de la même manière. Les *penne* absorbent mieux que les spaghettis. La surface des pâtes est décisive : marquée de rainures, la pâte est appelé *rigata*, elle absorbe plus de sauce qu'une pâte à surface lisse. Les pâtes fraîches aux œufs absorberont bien plus que des sèches à la semoule de blé. Pour les soupes, choisissez des formes plus petites, par exemple les pâtes trouées, courtes et rondes.

Préparer des pâtes fraîches

La pâte fraîche

1 Tamisez 300 g de farine en tas sur le plan de travail et faites une fontaine au milieu.
Cassez 3 œufs frais au milieu, puis ajouter 1/2 c. à café de sel et 1 c. à soupe d'huile d'olive.

2 Avec une fourchette ou une cuillère, battez légèrement les œufs,
Puis incorporez peu à peu la farine au bord tout en remuant.

3 Continuez à remuer en incorporant de plus en plus de farine, de manière à obtenir une masse compacte dans la fontaine.

4 Incorporez délicatement la farine restante sur cette pâte molle, de l'extérieur vers l'intérieur, avec les deux mains.

5 D'abord pressez pour que la farine absorbe progressivement tout le liquide des œufs, puis pétrissez avec les deux mains jusqu'à ce que la pâte soit bien lisse.

6 Si la pâte est trop ferme et trop friable, ajoutez un peu d'eau (1 c. à café) et pétrissez-la jusqu'à ce que le liquide soit totalement absorbé.

7 Quand la farine et les œufs sont bien incorporés, pétrissez la pâte avec les deux pouces pour la rendre bien lisse.

8 Maintenant commence le véritable pétrissage. Séparez la pâte en deux en la pressant avec les paumes, puis repliez-la et recommencez.

9 Pétrissez jusqu'à obtenir une pâte très souple et homogène. Enveloppez la pâte dans du film plastique ou de l'aluminium, et laissez reposer environ 1 heure au frais.

Préparer des pâtes vertes

Contrairement à l'idée courante, on n'ajoute pas simplement des épinards hachés à la pâte. La pâte deviendrait trop liquide et difficile à manipuler. C'est un " concentré d'épinards " qui donne aux pâtes vertes leur couleur et leur saveur. On mélange la chlorophylle extraite de la purée d'épinards avec les œufs dans le petit puits formé au milieu de la farine. Pour le reste, la préparation est la même que celle des pâtes blanches.

Préparer un concentré d'épinards

10 Réduisez en purée au mixeur 200 g d'épinards cuits lavés et égouttés.

11 Placez cette purée dans une mousseline et pressez avec force pour l'essorer.

12 Chauffez le jus d'épinard recueilli à 65 °C et retirez les petits bouts de feuilles qui restent avec une écumoire. Utilisez ce concentré dans la préparation de la pâte fraîche : ajoutez-le avec les œufs dans la fontaine (voir ci-contre).

La mise en forme

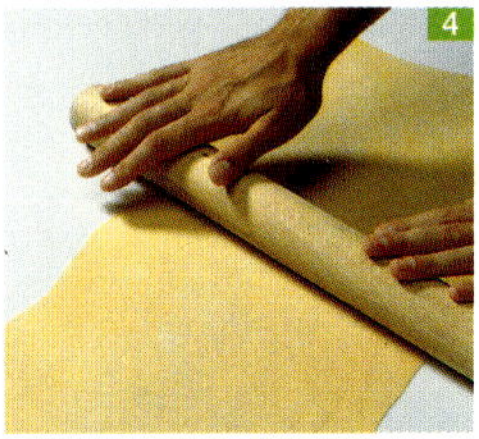

Abaisser la pâte avec une machine à pâtes

1 Coupez la pâte en bandes égales, puis étalez-la, en plusieurs étapes, réduisez l'écartement des cylindres pour obtenir l'épaisseur souhaitée.

Découper avec une machine à pâtes

2 La machine est dotée d'un accessoire approprié pour couper la pâte en lamelles, par exemple, des *pappardelle* ou des *lasagnette* en bandelettes de 1,5 à 2 cm de largeur. Les tagliatelles ont une largeur de 5 mm et les *fettucine* de 6 à 8 mm. Si l'on ne souhaite pas les cuire immédiatement, disposez ces pâtes en petits "nids" farinés, pour ne pas qu'elles collent entre elles.

3 Les *tagliolini* ou les *taglierini* sont des pâtes longues, très fines. La machine à pâtes les coupe à la largeur de 2 à 3 mm.

Abaisser la pâte au rouleau à pâtisserie

4 Farinez le plan de travail et étalez la pâte dans les deux sens en alternant.

Couper la pâte à la main

5 Pour les pâtes longues et plates, farinez l'abaisse et repliez-la ensuite des deux côtés, en plusieurs bandes superposées.

6 Pour les *pappardelle* et les *lasagnette*, coupez la pâte en bandelettes de 1,5 à 2 cm de largeur, et dépliez-les pour qu'elles ne collent pas.

7 Pour les tagliatelles, coupez la pâte en bandelettes de 5 mm de largeur. Les *fettucine*, appelés également *fetucce* ont une largeur de 6 à 8 mm.

8 Pour toutes les pâtes longues, très fines, coupez la pâte en bandelettes de 2 à 3 mm de largeur. Ne superposez pas trop de couches, sinon elles risquent de coller ensemble lors de la coupe.

La cuisson

L'étape la plus délicate, c'est sans doute la cuisson. Pour commencer, munissez-vous d'un faitout de bonne qualité, plus haut que large.

1 Il faut 1 l d'eau minimum pour 100 g de pâtes. N'hésitez pas à augmenter le volume d'eau d'1/4, le résultat n'en sera que meilleur. N'oubliez pas que les pâtes doivent cuire dans de l'eau en ébullition constante.

2 Pour le sel, comptez 10 g par litre, c'est-à-dire environ 1 c. à café presque pleine.

3 N'ajoutez pas d'huile d'olive à chaque fois, seulement lorsqu'il s'agit de lasagnes très larges ou de pâtes fraîches, assez fines.

4 Attendez que l'eau soit en ébullition avant de plonger les pâtes. Les variétés longues, comme les spaghettis, doivent être mises au fur et à mesure.

5 Ensuite, remuez rapidement avec une cuillère en bois pour que les pâtes ne cuisent pas en tas mais séparément.

6 Couvrez la marmite pour que l'ébullition reprenne le plus vite possible.

7 Dès que l'eau recommence à bouillir, retirez partiellement le couvercle pour laisser s'échapper la vapeur, ou terminez la cuisson à découvert pour mieux la contrôler. L'eau doit bouillonner faiblement. Remuez régulièrement.

8 Pour obtenir la fameuse cuisson *al dente*, goûtez les pâtes à plusieurs reprises. Elles doivent être encore un peu fermes sous la dent, mais sans résistance à cœur.

9 Ensuite, égouttez-les dans une passoire. Si elles sont servies en accompagnement, passez-les rapidement sous l'eau froide afin d'interrompre la cuisson et de retirer l'amidon qui les fait coller.

10 Avant de servir, arrosez-les d'un peu d'eau chaude de la cuisson pour les réchauffer.

Les sauces tomates

Pour obtenir des sauces savoureuses, il faut des tomates très goûteuses, mûries sur pied. Les tomates oblongues, dites olivettes, sont pafaites pour cela. Si vous n'avez pas de tomates fraîches récoltées en été, remplacez-les par des tomates italiennes pelées en conserve, *pelati*. Voici deux variantes de sauces, la première est préparée à base de tomates fraîches, cueillies en été, l'oignon et l'ail ne sont pas indispensables. Si vous ne trouvez pas de tomates fraîches de première qualité, la seconde recette est préférable : *la pommarola*. Cette purée de tomates se conserve plusieurs jours au frais. En pleine saison, les tomates mûres sont souvent mises en bocaux et stérilisées pour l'hiver. Ainsi vous pouvez aussi préparer des sauces toute l'année.

La pommarola

4 Lavez 800 g de tomates olivettes bien mûres. Ôtez les pédoncules. À l'aide d'un couteau bien aiguisé, coupez les tomates d'abord en deux, puis en quatre et ensuite en petits morceaux.

5 Mettez les tomates dans une casserole. Ajoutez dessus 50 g de carottes épluchées et coupées en petits dés. Il est important que les tomates couvrent le fond de la casserole pour qu'elles fournissent le jus de la cuisson.

6 Ajoutez également 100 g d'oignons émincés et 100 g de céleri en branches coupé en dés. Couvrez la casserole. Laissez mijoter le tout environ 40 min à feu doux.

7 Dès que les légumes sont tendres, versez-les au fur et à mesure dans une passoire et réduisez-les en purée avec une cuillère en bois. La purée doit avoir une consistance liquide.

8 Ajoutez à la sauce toute la pulpe de tomates restée dans la passoire puis transvasez le mélange dans une casserole.

9 Réchauffez et ajoutez 1 c. à café de sel et du poivre du moulin, puis 4 c. à soupe d'huile d'olive et 1 c. à café de basilic haché.

Avec des tomates bien mûres

1 Coupez 800 g de tomates bien mûres, pelées, en petits dés. Lavez 20 feuilles de basilic ; égouttez-les soigneusement et émiettez-les.

2 Chauffez un peu d'huile d'olive dans une cocotte et faites revenir les dés de tomates en remuant.

3 Laissez mijoter quelques minutes. Salez et poivrez. Ajoutez le basilic et servez tout de suite.

La sauce bolognaise

Ingrédients
200 g de carottes, 160 g de céleri en branches
200 g d'oignons, 2 gousses d'ail
200 g de jambon de Parme en morceaux
800 g de tomates fraîches, 800 g de tomates pelées en conserve
300 g de viande de bœuf, 200 g d'épaule de porc
4 c. à soupe d'huile d'olive, 4 c. à soupe de persil haché
80 g de beurre, 6 c. à soupe de concentré de tomates
25 cl de bouillon de viande, 1 c. à café de sel, poivre du moulin
1/2 c. à café de sucre

Épluchez les carottes, nettoyez le céleri en branches, puis coupez-les en dés. Pelez les oignons, l'ail et émincez très fin. Taillez le jambon de Parme en petits dés. Ébouillantez les tomates fraîches, épluchez-les. Ôtez les pédoncules et les graines ; coupez la chair en petits morceaux. et les tomates pelées en dés, recueillez le jus et réservez-le. Passez la viande de porc et de bœuf au hachoir. Faites chauffer l'huile pour y faire revenir les carottes, puis poursuivez selon le pas à pas ci-dessous.

1 Ajoutez les oignons et les gousses d'ail aux carottes, puis faites revenir le tout en remuant.

2 Mélangez avec les dés de céleri et le persil ciselé, et laissez cuire pendant quelques minutes.

3 Incorporez les deux sortes de viandes hachées et faites dorer en remuant jusqu'à ce que le hachis s'émiette.

4 Ajoutez le jambon à ce mélange, et faites rissoler le tout pendant 5 min en remuant.

5 Ajoutez ensuite la moitié du beurre, puis les tomates coupées en petits morceaux.

6 Incorporez les *pelati*, bien mélangez et laissez mijoter quelques minutes à découvert.

7 Ajoutez le concentre de tomates par cuillerées, mélangez et laissez réduire un peu.

8 Mouillez avec le bouillon, assaisonnez et laissez cuire à petits bouillons pendant 1 h, pas tout à fait à couvert.

Pesto et Cie

Parfois le pesto est agrémenté d'herbes ou d'olives, le fromage lui donne aussi une nuance piquante. Ce n'est pas vraiment une sauce mais plutôt une crème épicée, qui se déguste également froide. Pour obtenir une consistance semblable à une sauce, il faut donc le diluer avec un peu d'eau de la cuisson des pâtes.

1 Pilez au mortier l'ail grossièrement haché et les pignons. Ajoutez le basilic et réduisez le tout en pâte fine avec le pilon.

2 Incorporez peu à peu le fromage râpé et travaillez la pâte. Poivrez et salez si nécessaire.

3 Ajoutez l'huile dans le mortier en la versant en mince filet, comme pour une mayonnaise. Mélangez avec la purée épicée en liant bien.

Pesto

Pour conserver plus longtemps le pesto, n'ajoutez pas de fromage râpé à la sauce, mais parsemez-le sur les pâtes juste avant de servir.

Ingrédients

4 gousses d'ail pelées
50 g de pignons
120 g de feuilles de basilic fraîches coupées en fines lamelles
50 g de *pecorino* fraîchement râpé
80 g de parmesan fraîchement râpé
Sel à volonté, poivre du moulin
12 à 15 cl d'huile d'olive

Crème d'olives noires

Voilà l'un des meilleurs condiments de la Méditerranée. Appelée « tapenade » en Provence, la crème d'olives se déguste soit en sauce avec un plat de pâtes, soit tartinée sur du pain grillé. Les ingrédients sont simples : quelques gousses d'ail, des filets d'anchois et des olives noires. La préparation de l'huile à l'ail, en revanche, demande un peu plus de patience. Il faut qu'elle refroidisse avant d'être utilisée pour la sauce.

Ingrédients
3 gousses d'ail
12 cl d'huile d'olive
100 g d'olives noires
2 filets d'anchois
Sel, poivre du moulin

1 Faites blondir les gousses d'ail émincées dans la moitié de l'huile d'olive. Filtrez l'huile au moyen d'une passoire et laissez refroidir.

2 Dénoyautez et hachez les olives. Coupez les anchois en petits morceaux. Écrasez le tout en pâte fine au mortier, avec le reste de l'huile.

3 Mélangez peu à peu l'huile à l'ail refroidie avec la purée d'olives et d'anchois, puis assaisonnez.

Sauce Mornay

En nappant un gratin d'une sauce béchamel parsemée de fromage on obtient une croûte tendre et dorée. Incorporez le fromage directement à la sauce, elle s'appelle «sauce Mornay». Ici, deux sortes de fromage, de la *fontina* pour l'onctuosité et du parmesan pour le goût. Évitez d'utiliser un fromage à pâte dure, comme le parmesan, tout seul car la sauce serait moins crémeuse.

La sauce béchamel
25 g de beurre
30 g de farine
50 cl de lait
Poivre blanc, sel
Noix de muscade fraîchement râpée
1 jaune d'œuf
10 cl de crème fleurette

Et aussi
30 g de parmesan râpé
30 g de *fontina* râpé
1 à 2 c. à soupe de crème fouettée

4 Faites fondre le beurre dans une casserole, incorporez la farine en fouettant pendant 1 à 2 min. Ne laissez pas la farine se colorer.

5 Versez le lait tiède dans la casserole ; vous devez obtenir une sauce lisse. Assaisonnez et faites cuire à feu doux pendant 20 min en fouettant régulièrement.

6 Battez le jaune d'œuf avec la crème fleurette. Retirez la casserole du feu et liez la sauce avec le mélange d'œuf et de crème.

7 Portez à ébullition, puis filtrez la sauce avec un chinois, faites-la réchauffer.

8 Laissez fondre le parmesan et la *fontina* dans la sauce en remuant. À la fin, mélangez délicatement avec la crème fouettée.

Fromage et pâtes

Des pâtes sans fromage ? Vous n'y pensez pas. Il faut du fromage sauf quand il s'agit d'un plat de pâtes aux fruits de mer. Pour combiner les pâtes et le fromage, les Italiens ont trouvé toutes sortes de méthodes : râpé sur les pâtes pour imprégner tout le plat, coupé en fines tranches, fondu dans la sauce ou bien mélangé à la farce pour des raviolis ou des lasagnes.

Une autre recette très originale, réservée aux accros des pâtes au fromage et servie uniquement dans certains restaurants italiens, transforme le fromage en plat : une meule de parmesan creusée, enduite d'eau-de-vie est flambée jusqu'à ce que le feu s'éteigne et que le fromage fonde à l'intérieur. Les pâtes déjà cuites et la sauce sont versées dans le creux de la meule et mélangées au fromage fondu.

Grana padano, grana trentino

Trois sortes de fromages italiens sont qualifiées d'extra-dures : le *parmigiano reggiano*, le *grana padano* et le *grana trentino*. Leurs goûts sont très semblables : un fromage très dur, à la pâte légèrement granuleuse, dont les ouvertures sont rares et petites. Ils se brisent avec un couteau en forme de spatule. La surface de cette cassure ressemble à une roche feuilletée.

Le parmigiano reggiano

Le plus célèbre fromage de la catégorie des "extra-dur", le véritable *parmigiano*, dont la pâte est jaune paille, porte sur sa croûte le nom de *parmigiano reggiano* pointillé tout autour de la meule. Ce n'est qu'au moment de la dégustation qu'il est râpé ou taillé en très fines tranches. Autrefois, ce fromage de vache n'était fabriqué que pendant l'été. Aujourd'hui, on le produit toute l'année, mais les vaches sont exclusivement nourries d'herbe ou de foin. Le nom de *parmigiano reggiano* est une appellation d'origine contrôlée ; seuls les fromages produits dans les régions de Parme, de Mantoue, de Reggio nell'Emilia et de Bologne, la méritent.

Le Pecorino, un fromage de brebis

Le *pecorino* n'est pas toujours fait à base de pur lait de brebis ; parfois ce lait est mélangé avec une petite part de lait de chèvre ou de vache. On utilise également différentes sortes de présure pour favoriser le caillage du lait : de la présure de veau, d'agneau ou de chevreau, et même parfois, un extrait de fleurs d'artichauts. Ces variétés s'appellent *cacio fiore*. Le *pecorino canestrato* est un fromage à part, il s'agit de fromage de brebis qu'on laisse égoutter dans un panier à l'origine en roseaux, aujourd'hui le plus souvent en plastique. Le tressage laisse sa marque typique sur les meules

Mozzarella, provolone et Cie

En Italie, le terme de fromage à pâte filée désigne un produit dont la pâte est pétrie, puis plongée dans l'eau presque bouillante. Parmi eux, la *mozzarella*, le *caciocavallo* et le *provolone* sont les plus connus. Ils ont la même texture, mais sont très différents au goût. En fonction de l'affinage, les variantes seront vendues jeunes ou mûries, moelleuses ou fermes, fumées ou non fumées.

1 grana trentino
2 provolone
3 pecorino canestrato
4 mozzarella
5 montasio fresco
6 ricotta
7 fontina
8 gorgonzola
9 pecorino toscano

La fontina

Fromage à pâte pressée demi-dure, c'est un fromage de lait cru d'appellation contrôlée, provenant exclusivement du Val d'Aoste. Sa pâte est finement trouée, son affinage est bien plus rapide que celui d'un fromage à pâte dure. Sa saveur est fruitée sans être trop prononcée. On l'utilise de préférence pour cuisiner, parce qu'il fond facilement. Le *fontal* est un fromage de lait pasteurisé fabriqué selon la même méthode que la *fontina*. C'est un fromage de table très délicat, à la pâte blanche ou de couleur jaune paille. Il contient au moins 45 % de matières grasses.

La ricotta

Le mot *ricotta* signifie simplement " recuit ". C'est le principe même de la fabrication de la *ricotta*. On la fabrique à partir du petit-lait obtenu au cours de la production de fromage. Elle est faite à base de lait de vache ou de brebis. La *ricotta di pecora* est classée en trois catégories : le *tipo dolce*, qui n'est ni salé ni affiné, le *tipo moliterno*, qui est un peu plus ferme et salé, et enfin le *tipo forte*, originaire surtout des Pouilles, qui mûrit pendant quelque temps dans des récipients en bois.

Gnocchetti

La pâte de pommes de terre

600 à 700 g de pommes de terre farineuses
250 g de farine
100 g de semoule
1 jaune d'œuf
Sel

La sauce tomate

700 g de tomates
60 g d'échalotes
1 gousse d'ail
10 cl d'huile d'olive
1 branche de romarin
1 c. à soupe de basilic ciselé
1 c. à café de sel, poivre du moulin

Lavez les pommes de terre, enveloppez-les une à une dans de l'aluminium, faites-les cuire 1 h au four préchauffé à 200 °C. Retirez-les et pelez-les tant qu'elles sont chaudes. Préparez les *gnochetti* (voir ci-dessous).

Plongez-les dans l'eau bouillante salée et faites-les cuire à feu moyen. Égouttez-les avec une écumoire dès qu'ils montent à la surface et réservez au chaud.

Ébouillantez et pelez les tomates, coupez-les en quatre. Ôtez les pédoncules et les graines, coupez la chair en petits dés. Pelez les échalotes et l'ail, puis émincez-les. Chauffez l'huile d'olive et faites blondir les échalotes et l'ail. Ajoutez les tomates, le romarin et le basilic quelques minutes. Assaisonnez. Répartissez les *gnocchetti* dans des assiettes ; nappez de sauce tomate.

1 Tamisez la farine en tas sur le plan de travail et faites une fontaine au milieu. Ajoutez ensuite la semoule, le sel et le jaune d'œuf. Écrasez les pommes de terre chaudes à l'aide d'un presse-purée directement sur les bords de la fontaine.

2 Pétrissez jusqu'à ce que la pâte soit souple.

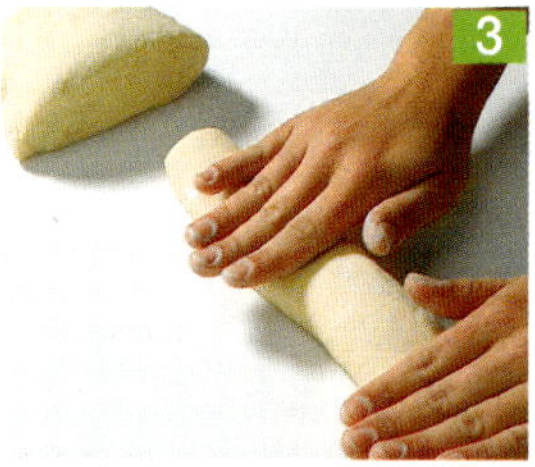

3 Formez de minces boudins d'environ 5 mm d'épaisseur et saupoudrez-les de farine.

4 Découpez des petits morceaux de 1 cm de largeur.

Bucatini aux artichauts

Les *bucatini* ressemblent aux spaghettis, mais ils sont creux au milieu. Leur cuisson est plus rapide. Pour préparer ce plat, il faut de bons artichauts et une huile d'olive de première qualité.

Ingrédients
300 g de *bucatini*
Les artichauts
12 petits artichauts, jus d'1 citron
1/2 c. à café de sel
La sauce tomate
600 g de tomates, 80 g d'oignons
1 gousse d'ail, 60 g de carottes
60 g de céleri en branches
2 c. à soupe d'huile d'olive
12 cl de bouillon de légumes
Sel, poivre du moulin
Et aussi
thym frais émietté

Coupez la tige des artichauts sous la tête. Ôtez les petites feuilles dures tout autour de la naissance de la tige. Coupez les pointes piquantes des feuilles dures avec des ciseaux de cuisine et le bout de la tête avec un couteau bien aiguisé. Coupez les artichauts en deux et ôtez le foin avec une cuillère, puis coupez-les à nouveau en deux. Déposez les quarts dans un saladier rempli d'eau et de la moitié du jus de citron.

Pour les faire cuire, mettez les artichauts dans une casserole et versez de l'eau jusqu'à ce qu'ils soient recouverts. Ajoutez le restant du jus de citron et du sel. Faites cuire les artichauts pendant environ 15 min.

Pour la sauce, ébouillantez les tomates, pelez-les et coupez-les en quatre. Ôtez les pédoncules et les graines, coupez la chair en petits dés. Pelez et émincez finement les oignons et l'ail. Nettoyez la carotte et le céleri que vous couperez ensuite en petits dés. Faites chauffer l'huile dans laquelle vous ferez blondir les oignons et l'ail. Ajoutez les légumes et faites revenir le tout pendant quelques minutes. Mouillez avec le bouillon ; salez et poivrez. Laissez cuire 10 min à feu doux. Faites cuire les *bucatini al dente*, puis égouttez-les. Retirez les artichauts de la casserole et mélangez-les avec la sauce. Disposez les pâtes avec la sauce et saupoudrez de thym.

Spaghettini aux câpres

Ingrédients
40 g de câpres au sel
80 g d'olives noires
2 gousses d'ail
30 g d'échalotes
12 filets d'anchois au sel
500 g de tomates olivettes
2 gros *peperoncini* rouges
6 c. à café d'huile d'olive
1 c. à café de sel
400 g de *spaghettini*
Et aussi
60 g de *pecorino* fraîchement râpé

Mettez les câpres dans une passoire et secouez-les pour les débarrasser du sel. Dénoyautez les olives et mélangez-les avec les câpres, puis hachez finement le tout. Pelez l'ail et les échalotes et émincez-les finement. Trempez les filets d'anchois dans de l'eau pendant quelques minutes et coupez-les en petits morceaux. Ébouillantez et pelez les tomates, puis ôtez pédoncules et graines, coupez la chair en petits dés. Ôtez les pédoncules, les graines et les peaux blanches des *peperoncini* et émincez-les finement.

Chauffez l'huile d'olive dans une poêle et faites blondir l'ail et les échalotes. Ajoutez les câpres, les olives, les anchois et faites revenir le tout 2 à 3 min en remuant constamment. Incorporez les tomates et les *peperoncini*, et laissez cuire 15 min.

Pendant ce temps, faites cuire les *spaghettini al dente* dans l'eau bouillante légèrement salée. Jetez l'eau de la cuisson et égouttez. Mélangez les pâtes avec la sauce et répartissez-les dans des assiettes préchauffées. Parsemez de *pecorino* et servez aussitôt.

Pour cette sauce, utilisez impérativement des câpres au sel car celles au vinaigre gâcheraient beaucoup la saveur originale de ce plat.

Spaghettis carbonara

Les *spaghettis carbonara* se préparent traditionnellement avec du *guanciale*, de la joue de porc salée et parfois légèrement fumée. Évidemment, il est possible de remplacer le *guanciale* par du lard, selon son goût.

3

Ingrédients
400 g de spaghettis
180 g de poitrine de lard
1 gousse d'ail
2 c. à soupe d'huile d'olive
4 œufs
80 g de parmesan fraîchement râpé
Sel à volonté, poivre du moulin
2 c. à soupe de persil ciselé

Découpez la poitrine de lard en petits dés. Écrasez la gousse d'ail non pelée sous la lame du couteau de manière à faire légèrement éclater la peau et poursuivez selon la description indiquée ci-dessous.
Pendant ce temps, portez à ébullition une grande quantité d'eau peu salée dans une grande marmite pour la cuisson des spaghettis. Plongez-y les pâtes et faites-les cuire *al dente*, 8 à 10 min. Jetez l'eau de la cuisson et égouttez. Continuez la préparation selon la toute dernière illustration en bas de la page. Après avoir incorporé les œufs, servez aussitôt les *spaghetti carbonara* dans des assiettes préchauffées.

1

2

1 Chauffez l'huile d'olive dans une casserole et faites rissoler les lardons et l'ail jusqu'à ce qu'ils soient bien dorés.

2 Dans un grand saladier, battez énergiquement les œufs et le fromage, puis salez et poivrez.

3 Mélangez les spaghettis avec les lardons et, si vous le souhaitez, avec du persil. Retirez la casserole du feu, versez le mélange d'œufs et de fromage sur les pâtes et mélangez.

Penne all'arrabiata

Ingrédients
100 g de *pancetta* ou poitrine de lard
500 g de tomates olivettes bien mûres
2 gousses d'ail
10 g de beurre
70 g d'oignons
2 *peperoncini* rouges
Sel, poivre blanc du moulin
400 g de *penne rigate*
1 petit bouquet de persil plat coupé en fines lamelles
50 g de parmesan fraîchement râpé

Découpez le lard en fines languettes. Ébouillantez et pelez les tomates, coupez-les ensuite en morceaux. Réduisez la chair en purée à la passoire. Épluchez l'ail et coupez-le en fines lamelles. Faites cuire les pâtes *al dente*, environ 8 min, dans une grande quantité d'eau bouillante salée.

Pendant ce temps, préparez la sauce : faites fondre le beurre dans une poêle ; et revenir rapidement les oignons, l'ail, les *peperoncini* entiers. Incorporez la purée de tomates en remuant. Laissez mijoter quelques instants, puis salez et poivrez. Égouttez les pâtes et mélangez-les avec la sauce tout en retirant les *peperoncini*. Servez les *penne* saupoudrés de parmesan et de persil.

Spaghettis chitarra

Ces spaghettis au profil carré et non rond sont calibrés au moyen d'un découpeur spécial, la *chitarra*, qui donne son nom à cette variété de pâtes. Si l'on n'a pas cet ustensile, on peut les couper à la main. Certaines machines à pâtes sont équipées d'un accessoire correspondant. Vous trouverez également les *spaghetti chitarra* séchés dans les épiceries fines.

La *chitarra* est un cadre en bois garni de fils métalliques qui rappellent les cordes d'une guitare. L'abaisse est posée sur les fils puis découpée en bandelettes avec un rouleau à pâtisserie.

Ingrédients
400 g de *spaghetti chitarra*
La sauce
1 kg de grosses tomates
sel, poivre du moulin
200 g de lard
40 g d'oignons
4 c. à soupe d'huile d'olive
Et aussi
100 g de *pecorino* fraîchement râpé
30 petites feuilles de basilic

Pour la sauce, ébouillantez les tomates dans l'eau salée. Rafraîchissez-les et pelez-les. Ôtez les pédoncules, les graines et coupez la chair en petits dés. Taillez la poitrine de lard en tranches et ensuite en courtes languettes. Pelez l'oignon et coupez-le en rondelles.

Faites chauffer l'huile dans une casserole, puis faites dorer les lardons et les rondelles d'oignons. Ajoutez les tomates. Baissez la température et laissez mijoter 15 min à couvert. Retirez le couvercle et laissez cuire la sauce pendant 45 min à découvert. Salez et poivrez.

Faites cuire les spaghettis *al dente*, 8 à 10 min. Égouttez-les rapidement et mélangez-les aussitôt avec une partie de la sauce. Répartissez les pâtes dans des assiettes préchauffées et couvrez avec la sauce restante. Saupoudrez de *pecorino* râpé et servez le plat décoré de feuilles de basilic.

Spaghettis à l'ail

Ingrédients
500 g de spaghettis
3 gousses d'ail
1 c. à soupe de persil plat
4 c. à soupe d'huile d'olive
1 *peperoncino* séché
Sel, poivre blanc du moulin
Parmesan à volonté

Faites cuire les *spaghettis al dente*, 8 à 10 min, dans une grande quantité d'eau bouillante salée. Pendant ce temps, pelez l'ail et coupez-le en deux. Ciselez finement le persil.

Chauffez l'huile dans une grande poêle et faites revenir l'ail et le *peperoncino* à feu très doux. Jetez l'eau de la cuisson des spaghettis et égouttez-les. Retirez l'ail et le *peperoncino* de la poêle, ajoutez le persil et les *spaghettis*, puis mélangez le tout soigneusement. Salez et poivrez.

Répartissez les *spaghettis* dans des assiettes préchauffées. Saupoudrez d'ail, de *peperoncino* émincé et éventuellement de parmesan. Servez aussitôt.

Raviolis sauce aux noix

Les *pansotti* sont originaires de la province côtière de Ligurie, où il en existe de nombreuses variantes. La pâte est préparée à partir de semoule, de blé dur et de farine de blé tendre, ou encore de farine de blé tendre et d'œuf. Pour environ 60 raviolis.

La pâte
125 g de semoule de blé dur, de mouture très fine
125 g de farine de blé type 45
2 œufs entiers et 1 jaune d'œuf, 1/3 c. à café de sel
La farce aux herbes
125 g d'un mélange de persil, thym et sauge frais
125 g de basilic, 60 g de bourrache, 1 gousse d'ail
Sel, poivre du moulin, 1 œuf, 60 g de *ricotta*
25 g de parmesan fraîchement râpé
La sauce aux noix
40 g de pain blanc émietté, 125 g de noix écalées
2 c. à soupe d'huile d'olive, 4 c. à soupe de crème fleurette
Et aussi
1 blanc d'œuf, un peu de beurre fondu, 80 g de parmesan fraîchement râpé
1 c. à soupe d'un mélange de persil, basilic, thym, et sauge ciselés

Mélangez, sur le plan de travail, la farine tamisée et la semoule. Faites une fontaine au milieu, cassez-y les œufs. Ajoutez le jaune d'œuf et le sel, puis incorporez peu à peu la farine avec une fourchette. Puis mélangez à deux mains le restant de farine, et pétrissez jusqu'à ce que la pâte soit souple et homogène. Formez une boule, enveloppez-la d'aluminium. Laissez reposer 1 h au réfrigérateur.
Pour la farce, lavez, égouttez et faites blanchir les herbes. Rafraîchissez-les, essorez-les et hachez-les très fin. Épluchez l'ail et émincez-le. Mélangez les herbes avec l'ail, l'œuf, la ricotta et le parmesan râpé. Salez et poivrez. Passez le tout rapidement au mixeur et réservez. Pour la sauce, trempez le pain émietté dans 1 c. à soupe d'eau, puis essorez-le bien en pressant. Mélangez le pain avec les noix grossièrement concassées, et mixez. Transvasez cette crème dans un saladier, et incorporez en alternant l'huile et la crème pour obtenir une masse homogène. Salez.
Étalez la pâte jusqu'à ce qu'elle soit fine. Découpez des carrés de 6 x 6 cm. Déposez 1 c. à café de farce sur chaque carré. Enduisez les bords d'un peu de blanc d'œuf. Repliez les carrés en triangles, pressez bien les bords. Faites cuire les *pansotti* 6 à 8 min dans de l'eau bouillante. Égouttez-les. Répartissez les pâtes farcies dans des assiettes chaudes ; arrosez de beurre fondu, puis saupoudrez d'herbes. Servez le tout avec la sauce aux noix et le parmesan.

Tagliatelles aux fruits de mer

Les poissons frais et les fruits de mer sont aujourd'hui disponibles même dans les régions continentales. Les crevettes et les calmars de cette recette se trouvent sans trop de problèmes. Dans le cas contraire, il vaut mieux les acheter congelés plutôt qu'en conserve. Il en va de même pour les pâtes : les tagliatelles fraîches sont évidemment plus savoureuses ! Voir recette page 10.

Ingrédients
300 g de calmars
500 g de tomates
40 g d'échalotes
1 gousse d'ail
4 c. à soupe d'huile d'olive
1/2 c. à café de sel, poivre du moulin
1 c. à soupe de basilic, thym et persil ciselés
350 g de tagliatelles
8 grosses crevettes crues décortiquées
12 olives noires

Lavez les calmars et enlevez-leur la peau. Retirez les tentacules, les boyaux. Ôtez les organes masticateurs et la baleine, puis lavez les corps de l'intérieur. Ébouillantez rapidement les tentacules et les corps dans de l'eau salée, puis coupez les corps en anneaux d'environ 1 cm de largeur. Laissez les tentacules entiers.

Pour la sauce, ébouillantez les tomates. Après les avoir pelées, coupez-les en deux. Ôtez les pédoncules et les graines. Coupez la chair en petits dés. Pelez les échalotes et l'ail, puis émincez-les finement. Chauffez l'huile dans une grande casserole et faites blondir les échalotes et l'ail. Ajoutez les dés de tomates. Salez et poivrez. Incorporez les herbes puis faites revenir le tout 5 min à feu doux.

Pendant ce temps, faites chauffer une grande quantité d'eau dans une marmite dans laquelle vous mettrez à cuire les tagliatelles.

Faites chauffer l'huile dans une poêle et faites rapidement rissoler les crevettes et les calmars. Ajoutez les olives et les tomates.

Jetez l'eau de cuisson des pâtes ; rincez-les à l'eau froide et égouttez. Mélangez-les ensuite aux crevettes, aux calmars et aux tomates épicées. Répartissez dans des assiettes préchauffées et servez aussitôt.

Cannellonis farcis aux champignons

La pâte
70 g de semoule de blé dur, 70 g de farine de blé type 45
1 œuf entier et 1 jaune d'œuf, sel

La farce et la sauce
80 g d'oignons, 1 gousse d'ail, 300 g de champignons des bois
100 g d'épinards, 30 g de beurre, 40 g de poireau en petits dés
10 cl de crème fleurette, 1 à 2 poireaux
1/2 c. à café de sel, poivre blanc du moulin
25 cl de crème fleurette, 1 jaune d'œuf
Sel, poivre blanc du moulin, 1 c. à soupe de persil haché

Et aussi
4 petits ramequins allant au four, un peu de beurre pour les graisser

Pour la pâte, mélangez la semoule et la farine, pétrissez-les avec les autres ingrédients jusqu'à ce que la pâte soit souple. Enveloppez dans du film plastique et laissez reposer une heure au réfrigérateur. Pelez les oignons et l'ail puis émincez-les. Nettoyez les champignons et coupez-les en petits dés. Lavez et égouttez les épinards, puis hachez-les.
Dans une sauteuse, faites revenir dans un peu d'huile les échalotes et l'ail, sans qu'ils se colorent. Après 3 min, ajoutez les champignons, les épinards et les petits dés de poireau puis remuez. Versez la crème dans la sauteuse. Salez et poivrez. Laissez réduire pendant 3 à 4 min.
Retirez la sauteuse du feu et laissez refroidir. Nettoyez les poireaux et coupez, dans la partie blanche, un morceau d'environ 12 cm de longueur. Détachez-en délicatement 8 feuilles et faites-les blanchir 4 min dans de l'eau salée. Retirez-les et égouttez-les.
Abaissez la pâte jusqu'à ce qu'elle soit assez fine. Découpez 8 rectangles de 9 x 14 cm. Faites-les cuire 2 min dans de l'eau bouillante salée. Égouttez-les, étendez-les sur un torchon humide. Posez une feuille de poireau sur chaque rectangle ; étalez la farce dessus et roulez les cannellonis.

Pour la sauce, versez la crème dans une casserole et faites réduire de 1/3. Battez le jaune d'œuf en incorporant 1 c. à soupe de crème chaude. Ajoutez ce mélange à la crème chaude, la sauce ne doit plus bouillonner. Salez, poivrez et saupoudrez de persil haché. Posez deux cannellonis dans chaque ramequin préalablement beurré. Nappez de sauce et laissez cuire pendant 12 min au four préchauffé à 200 °C. À la fin de la cuisson, dorez les cannellonis sous le gril du four pendant 1 min.

Pâtes aux cèpes

Les cèpes séchés donnent un goût original aux pâtes. Ils sont d'abord concassés pour être ensuite mélangés à la pâte. Une astuce de plus pour rendre le goût encore plus fort : ébouillantez une petite poignée de cèpes séchés dans l'eau de la cuisson des pâtes.

La pâte aux cèpes
250 g de farine
2 œufs entiers et 1 jaune d'œuf
1/2 c. à café de sel, 2 c. à soupe d'huile
10 g de cèpes séchés concassés au mortier
1 c. à soupe de persil finement haché
Un peu d'eau si nécessaire
La sauce tomate
600 g de tomates bien mûres
80 g d'échalotes, 8 feuilles de sauge
Huile d'olive, 1/2 c. à café de sel
Et aussi
100 g de parmesan fraîchement râpé

Pour la pâte, tamisez la farine en tas sur le plan de travail et faites une fontaine au milieu. Cassez-y les œufs et ajoutez le jaune d'œuf, le sel, l'huile, les cèpes en poudre et le persil. Remuez d'abord avec une fourchette pour incorporez la farine, pétrissez ensuite le tout de manière à obtenir une pâte souple. Ajoutez un peu d'eau si nécessaire. Enveloppez la pâte dans du film plastique et laissez reposer 1 h.
Pour la sauce, ébouillantez et pelez les tomates, puis coupez-les en deux. Ôtez les pédoncules et les graines, coupez la chair en gros dés. Pelez et émincez finement les échalotes. Lavez les feuilles de sauge, séchez-les et coupez-les en lanières.
Dans une casserole, faites chauffer de l'huile et revenir les échalotes sans les laisser colorer. Ajoutez les tomates et laissez-les cuire 10 min. Enfin, mélangez avec la sauge, salez et retirez la sauce tomate du feu.
Abaissez la pâte sur le plan de travail fariné. Découpez-la en bandes. Étendez-la, en plusieurs étapes, avec la machine à pâtes jusqu'à l'épaisseur souhaitée. Coupez ensuite les bandes en lasagnettes de 1 cm de largeur. Déposez-les sur un torchon fariné et laissez sécher brièvement.
Faites cuire les pâtes aux cèpes *al dente* dans une grande quantité d'eau bouillante salée, puis égouttez-les. Répartissez les pâtes mélangées avec la sauce dans des assiettes préchauffées et servez saupoudré de parmesan.

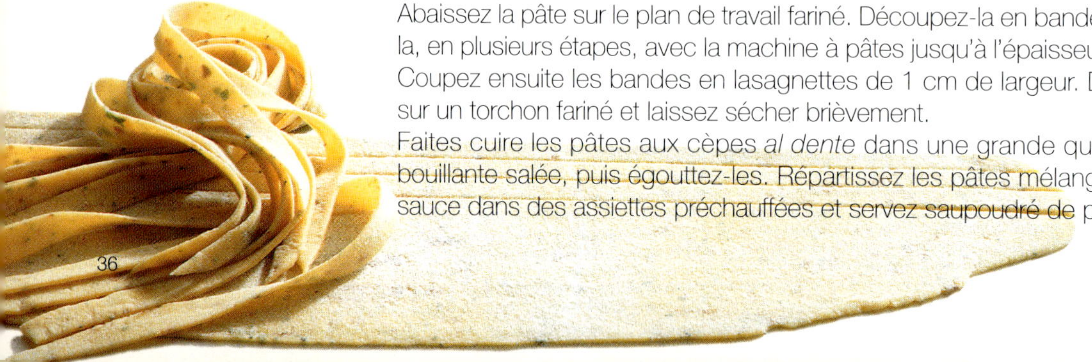

NACCIA
GIMIGNANO

Pappardelle aux cèpes

Les Italiens ont l'art et la manière de cuisiner les champignons. Coupés en fines lamelles, ils sont souvent servis avec les larges *pappardelle*. En automne, tous les restaurants traditionnels proposent des plats aux cèpes frais. Bien entendu, les marchés italiens offrent eux aussi toutes sortes de *porcini* pour accompagner les plats familiaux. Un conseil : il vaut mieux acheter une quantité supérieure à celle conseillée dans les recettes afin d'être sûr d'obtenir le poids indiqué.

Ingrédients

400 g de cèpes nettoyés
80 g d'oignons
1 gousse d'ail
200 g de tomates
25 cl de bouillon de viande
400 g de *pappardelle*
Sel, poivre blanc du moulin
3 c. à soupe d'huile d'olive
60 g de jambon de Parme taillé en fines languettes
2 c. à soupe de persil ciselé

Et aussi

Parmesan fraîchement râpé

Coupez les cèpes nettoyés en lamelles dans le sens de la longueur ; gardez si possible la forme du champignon. Hachez très finement les oignons. Pelez l'ail et émincez-le finement. Ébouillantez les tomates et pelez-les. Ôtez les pédoncules, les graines et coupez la chair en petits dés.

Portez à ébullition le bouillon de viande et laissez réduire à 1/3 de son volume. Faites cuire les pâtes *al dente*, 8 min environ, dans une grande quantité d'eau bouillante salée. Égouttez-les.

Dans une grande poêle, chauffez l'huile d'olive pour y faire blondir les oignons et l'ail. Ajoutez le jambon de Parme et faites rissoler rapidement. Mélangez avec les cèpes et les tomates. Salez, poivrez et laissez mijoter 4 à 5 min. Mouillez le tout avec le bouillon réduit et laissez cuire à petit feu 20 min supplémentaires, jusqu'à ce que le liquide soit presque complètement évaporé.

Ajoutez alors les pâtes dans la poêle, mélangez, puis réchauffez le tout. Servez le plat généreusement saupoudré de copeaux de parmesan.

Macaronis gratinés aux épinards

Les pâtes longues, fines et creuses, comme les *bucatini* ou les *perciatelli*, sont idéales pour ce plat, mais les macaronis tout à fait « ordinaires » font également l'affaire. Veillez surtout à ce que les feuilles d'épinards soient très fraîches, vertes et tendres.

Ingrédients
350 g de macaronis ou *bucatini*
400 g de feuilles d'épinards
300 g de tomates
80 g d'oignons
2 gousses d'ail
3 c. à soupe d'huile d'olive
Sel, poivre du moulin
100 g de fromage fruité à pâte dure, coupé en dés
Et aussi
Un peu de beurre pour graisser le plat
1/2 c. à café de romarin ciselé
1/2 c. à soupe de thym émietté
40 g de beurre en petits morceaux

Triez et équeutez les feuilles d'épinards. Lavez-les avec soin et laissez-les égouttez dans une passoire.
Ébouillantez les tomates, puis pelez et coupez-les en quatre. Ôtez les pédoncules et les graines, coupez la chair en petits dés. Pelez les oignons et l'ail, puis émincez-les finement.

Faites cuire les macaronis ou les *bucatini al dente* dans une grande quantité d'eau bouillante salée. Jetez l'eau de la cuisson et égouttez soigneusement. Pendant ce temps, dans une grande sauteuse, chauffez l'huile d'olive, et faites revenir les oignons et l'ail sans les laisser colorer. Ajoutez les feuilles d'épinards à la sauteuse et laissez-les tout juste fondre. Salez et poivrez, puis ajoutez les tomates et laissez brièvement mijoter le tout. Mélangez délicatement avec les pâtes et le fromage coupé en dés.

Beurrez un plat allant au four dans lequel vous verserez le mélange de pâtes et d'épinards. Parsemez de romarin et de thym émietté. Déposez de petits morceaux de beurre dessus et laissez gratiner le plat 20 min environ au four préchauffé à 200 °C.

Pasta alla norma

Pour ce plat, vous pouvez choisir n'importe quelles pâtes. En Sicile, *la pasta alla norma* se prépare avec des *penne rigate* aussi bien qu'avec des spaghettis.

Ingrédients
400 g d'aubergines
400 g de *penne rigate*
La sauce tomate
650 g de chair de tomates olivettes
2 gousses d'ail émincées
9 c. à soupe d'huile d'olive
50 g d'oignons émincés
Sel, poivre du moulin
Et aussi
Feuilles de basilic
80 g de *pecorino* fraîchement râpé

Coupez les tomates en dés. Écrasez l'ail avec la lame de votre couteau. Faites chauffer 4 c. à soupe d'huile d'olive dans une casserole puis faites blondir les échalotes et l'ail. Ajoutez les dés de tomates. Salez, poivrez et laissez mijoter jusqu'à ce que le jus soit presque complètement évaporé.
Coupez les aubergines en tranches d'environ 1 cm d'épaisseur, puis salez et poivrez-les. Faites chauffer le restant de l'huile dans une poêle et faites rissoler les tranches des deux côtés de manière à ce qu'elles soient bien croquantes.

Faites cuire les *penne rigate al dente* dans une grande quantité d'eau bouillante légèrement salée. Égouttez et mélangez ensuite les pâtes avec la sauce tomate et répartissez-les, accompagnées des aubergines, dans les assiettes. Saupoudrez de basilic et de *pecorino*, et servez aussitôt.

AZIENDA AGRICOLA
Olio Extra Vergine
PRODUCT OF ITALY

Fazzoletti et cailles aux girolles

La pâte blanche
150 g de farine de blé, 1 œuf entier et 1 jaune d'œuf
1/4 c. à café de sel, 1/2 c. à soupe d'huile d'olive
La pâte verte
200 g d'épinards, 160 g de farine, 5 à 6 jaunes d'œufs, 1 c. à soupe d'huile d'olive
1/2 c. à café de sel, 40 g de beurre, noix de muscade râpée
Les cailles et la sauce tomate
4 cailles prêtes à cuire, 2 c. à soupe de persil haché, 60 d'échalotes
2 gousses d'ail, 60 g de céleri en branches, 30 g de racines de persil
30 g de carottes, 50 g de *pancetta* ou de lard, 2 c. à soupe d'huile
1 c. à café de farine, 25 cl de bouillon de volaille, 75 g de beurre
600 g de tomates bien mûres, 15 feuilles de basilic
120 g de petites girolles nettoyées

Préparez deux pâtes, une verte et une blanche, suivant la description page 10. Laissez-les reposer enveloppées pendant 1 h. Découpez les cailles en morceaux. Salez et poivrez.
Pelez les échalotes et l'ail, émincez-les. Épluchez le céleri en branches, la racine de persil, la carotte et la pancetta. Coupez le tout en petits dés.
Faites blondir les échalotes dans une poêle. Ajoutez les légumes et faites-les revenir 2 à 3 min. Retirez les légumes de la poêle et réservez. Faites revenir la pancetta, ajoutez les morceaux de cailles et faites-les rissoler à feu vif. Ajoutez l'ail et tamisez la farine dans la poêle. Faites rissoler 3 à 4 min supplémentaires, mouillez avec le bouillon. Laissez mijoter à découvert jusqu'à ce que le jus ait réduit de moitié. Ajoutez le persil, et assaisonnez. Ébouillantez et pelez les tomates, coupez-les en deux. Ôtez pédoncules et graines, coupez la chair en petits dés. Émiettez les feuilles de basilic. Faites revenir les tomates. Laissez mijoter 5 min, salez et poivrez. Ajoutez le basilic.

Abaissez les deux sortes de pâte avec la machine à pâtes. Découpez la pâte en bandes de 1,5 cm de large. Humectez les bords avec un peu d'eau. Alignez les bandes de pâte vertes et blanches en alternant de sorte qu'elles se chevauchent légèrement, puis étendez-les au rouleau. Découpez ensuite l'abaisse en 12 rectangles de 10 x 8 cm. Faites-les cuire 3 à 4 min dans de l'eau bouillante salée. Égouttez. Faites rissoler les girolles quelques minutes. Salez et poivrez. Réchauffez la sauce tomate. Disposez dans chaque assiette un rectangle de pâte et recouvrez-le d'1/4 de sauce tomate. Posez sur cette couche un autre rectangle de pâte et recouvrez d'1/4 du ragoût de cailles. Terminez avec une couche de pâte et répartissez les girolles dessus. Arrosez le tout de jus de cailles.

Gnocchis et cuissot de sanglier

Le sanglier mijoté
1 cuissot de sanglier avec l'os d'environ 1,2 kg
1 c. à soupe de baies de genièvre
2 feuilles de laurier
6 feuilles de sauge fraîches
60 cl de vin rouge sec
1 oignon
1 gousse d'ail
100 g de carottes
80 g de céleri en branches
700 g de tomates olivettes
6 c. à soupe d'huile d'olive
3 c. à soupe de concentré de tomates
40 cl de bouillon de gibier
Sel, poivre blanc du moulin

Les gnocchis
1,2 kg de pommes de terre farineuses
200 g de farine
2 jaunes d'œufs

Déposez la viande dans un grand plat creux. Répartissez les baies de genièvre, les feuilles de laurier et la sauge dessus, mouillez avec le vin rouge. Couvrez avec du film plastique et laissez mariner au réfrigérateur pendant 12 h.
Retirez la viande de la marinade et séchez-la avec du papier absorbant. Détachez l'os et réservez la viande. Filtrez la marinade, et réservez les épices et le vin séparément. Pelez l'oignon et émincez-le. Épluchez l'ail et écrasez-le avec le presse ail. Nettoyez les carottes, le céleri en branches et coupez-les en gros morceaux. Ébouillantez et pelez les tomates. Ôtez les pédoncules et coupez la chair en petits morceaux.
Chauffez la moitié de l'huile et faites rissoler l'os pendant 10 min à feu moyen. Ajoutez l'oignon, l'ail, les carottes et le céleri, faites revenir le tout 2 min en remuant afin de dorer tous les ingrédients. Mélangez avec les tomates, les épices de la marinade et le concentré de tomates, puis laissez réduire jusqu'à ce que le jus soit évaporé. Mouillez avec le bouillon de gibier et avec 25 cl de marinade.

Gnocchis
et cuissot de sanglier

Laissez mijoter environ 3 h, tout en ajoutant peu à peu le reste de marinade. Salez et poivrez la sauce, puis filtrez-la. Coupez le cuissot de sanglier en petits morceaux et faites-les rissoler à feu vif dans le restant d'huile d'olive. Déglacez avec la sauce et laissez mijoter à petit feu pendant 20 min.

Pour les gnocchis, faites cuire les pommes de terre avec la peau pendant 30 min. Épluchez-les et écrasez-les tant qu'elles sont chaudes. Préparez la pâte et formez des gnocchis selon la description indiquée ci-dessous. Portez à ébullition une grande quantité d'eau salée, puis baissez la température. Plongez les gnocchis au fur et à mesure dans l'eau. Dès qu'ils montent à la surface, retirez-les avec une écumoire, égouttez-les et réservez-les au chaud.

Disposez les gnocchis dans un plat préchauffé ; répartissez la viande et la sauce dessus; servez.

Pour la pâte des gnocchis, disposez les pommes de terre écrasées et la farine en tas sur le plan de travail.

1 Pétrissez rapidement tous les ingrédients sur le plan de travail de manière à obtenir une pâte souple et homogène.

2 Formez des boudins de 2 cm d'épaisseur et placez-les côte à côte sur la table, puis coupez-les en morceaux de 3 cm de long.

3 Passez délicatement tous les petits morceaux sur la râpe afin de les décorer de losanges.

Gnocchis à la romaine

Les gnocchis les plus répandus hors de l'Italie sont ceux dont la pâte est préparée à base d'un mélange de pommes de terre cuites et de farine de blé tendre. Mais à Rome, les gnocchis sont traditionnellement fabriqués avec de la semoule de maïs et servis en *primo piatto*, en hors d'œuvre, nappés de beurre fondu agrémenté d'herbes aromatiques.

La sauce tomate épicée
500 g de tomates juteuses, bien mûres
80 g d'oignons
1 gousse d'ail
1 petit *peperone* rouge
5 c. à soupe d'huile d'olive
2 c. à soupe de persil haché
1 c. à soupe d'herbes ciselées (origan, sauge, romarin)
10 cl de bouillon de viande
30 g de *ricotta* salée
La polenta
1 c. à café de sel
150 g de semoule de maïs
Le beurre aux fines herbes
1 gousse d'ail
100 g de beurre
2 c. à soupe d'herbes aromatiques
Et aussi
un peu de beurre pour graisser le plat
40 g de parmesan fraîchement râpé

Pour la sauce, ébouillantez, pelez les tomates, et coupez-les en deux. Ôtez les pédoncules, les graines, et coupez la chair en petits dés. Pelez les oignons et émincez-les. Épluchez la gousse d'ail, puis coupez-la en fines lamelles. Lavez le *peperone* ; coupez-le en deux dans le sens de la longueur ; ôtez les graines et les peaux blanches, puis hachez-le très fin.

Dans une grande sauteuse, chauffez l'huile d'olive et faites blondir les oignons et l'ail. Ajoutez le persil haché, les autres herbes ciselées, le *peperone* haché et les tomates. Mouillez le tout avec le bouillon de viande et laissez mijoter doucement à couvert pendant 20 min.

Gnocchis à la romaine

Pendant ce temps, pour la polenta, portez à ébullition 1/2 l d'eau salée dans une casserole. Dès qu'elle bout, versez la semoule de maïs en remuant constamment avec une cuillère en bois afin d'éviter les grumeaux. Ces grumeaux se forment surtout quand l'eau cesse de bouillir, ce qui arrive quand on verse d'un seul coup toute la semoule.

Quand la bouillie n'est pas encore bien épaisse, elle gicle sur les parois de la casserole. Mieux vaut donc la couvrir d'un torchon. Continuez à tourner environ 20 min, toujours dans le sens des aiguilles d'une montre, jusqu'à ce que la polenta se détache des parois. Versez la polenta sur une planche humidifiée et lissez-la avec une spatule à l'épaisseur de 1 cm. Laissez ensuite refroidir.

Pour le beurre aux fines herbes, épluchez l'ail, écrasez-le avec le presse ail. Faites fondre le beurre dans une casserole puis faites rapidement revenir l'ail. Ajoutez les herbes en remuant et retirez la casserole du feu. Découpez les gnocchis selon le procédé indiqué ci-dessous.

Faites cuire les gnocchis 11 min au four préchauffé à 220 °C. À la fin de la cuisson, faites-les dorer sous le gril du four pendant 1 min. Avant de servir, mélangez la ricotta avec la sauce tomate. Goûtez et salez si nécessaire. La sauce sera servie séparément.

1 Découpez des disques ovales à l'aide d'un emporte-pièce au diamètre de 6,5 cm.

2 Disposez-les comme des tuiles dans un plat à four beurré.

3 Saupoudrez de parmesan et arrosez goutte à goutte de beurre aux fines herbes.

Gnocchis à la sauce tomate

Les gnocchis
900 g de pommes de terre farineuses
150 g de farine, 2 jaunes d'œufs, sel
La sauce tomate
800 g de tomates olivettes
70 g de carottes coupées en petits dés
120 g de céleri en branches, 120 g d'oignons
1 c. à café de sel, poivre blanc du moulin
1 pointe de sucre, 4 c. à soupe d'huile d'olive
1 c. à soupe de basilic coupé en lanières
1 c. à café de thym émietté
Et aussi
Un peu de beurre pour graisser le plat à four
40 g de *pecorino*, 30 g de parmesan
20 g de beurre en petits morceaux

Écrasez légèrement les boudins de pâte et coupez-les avec un couteau bien aiguisé en petits morceaux de 1 cm de largeur. Passez un à un les gnocchis sur une râpe à légumes pour obtenir un dessin en forme de losanges.

Enveloppez les pommes de terre une à une dans de l'aluminium. Faites cuire au four pendant 1 h. Lavez les tomates, coupez-les en deux. Égrenez et coupez la chair. Épluchez les carottes, le céleri en branches et coupez en petits dés. Émincez les oignons.
Laissez mijoter tout dans une casserole environ 40 min à feu doux et à couvert. Avec une passoire à larges trous et une cuillère, réduisez les légumes en purée directement dans une casserole.
Épluchez les pommes de terre. Tamisez la farine en tas ; faites une fontaine et ajoutez les jaunes d'œufs et le sel. Écrasez les pommes de terre avec le presse-purée directement sur la farine. Pétrissez rapidement pour obtenir une pâte souple.
Formez deux boudins de pâte de 2 cm de diamètre, saupoudrez de farine. Formez les gnocchis (voir ci-dessus). Versez-les dans de l'eau bouillante salée et baissez la température. Dès qu'ils montent à la surface, retirez-les.
Réchauffez la sauce tomate. Salez, poivrez, ajoutez le sucre et l'huile d'olive par cuillerées. Saupoudrez de basilic et de thym, puis remuez.
Mélangez les gnocchis avec la sauce et versez le tout dans un plat allant au four. Saupoudrez de *pecorino* et de parmesan ; ajoutez des noisettes de beurre. Faites gratiner le plat 15 à 20 min au four préchauffé à 200 °C.

Pizzoccheri à la sauge

La pâte à la farine de sarrasin
300 g de farine de sarrasin
150 g de farine de blé type 45
1/2 c. à café de sel
30 cl d'eau
La sauce
250 g de pommes de terre
300 g de *casera*
200 g de feuilles de bette
2 gousses d'ail
150 g de beurre
8 feuilles de sauge
100 g de parmesan fraîchement râpé

Préparez les *pizzoccheri* suivant la recette page 56. Épluchez les pommes de terre. Coupez-les en dés de 1 cm d'épaisseur, puis faites de même pour le *casera*. Lavez les bettes et coupez-les en lanières. Épluchez l'ail et coupez-le en fines lamelles.

Portez à ébullition de l'eau salée et faites cuire les pommes de terre pendant 10 min. Ajoutez les pâtes, puis les bettes 8 à 10 min plus tard. Laissez cuire pendant encore 2 min puis jetez l'eau de la cuisson.

Faites fondre le beurre et dorer l'ail, puis ajoutez les feuilles de sauge. Placez la moitié du mélange de pâtes et de pommes de terre dans un saladier. Garnissez de dés de fromage et recouvrez de l'autre moitié du mélange de pâtes et de pommes de terre. Nappez de beurre fondu à l'ail et à la sauge, saupoudrez de parmesan et servez.

Pizzoccheri à la sauge

1 Tamisez les deux sortes de farine ensemble. Incorporez rapidement l'eau. Si la pâte est trop ferme et friable, ajoutez un œuf pour sauver la situation.

2 Pétrissez la pâte jusqu'à ce qu'elle soit souple sur le plan de travail fariné. Faites 4 morceaux du même poids.

3 Étalez ces morceaux à l'épaisseur de 2 mm. Saupoudrez-les de farine pour éviter qu'ils collent.

4 Saupoudrez les abaisses de farine de sarrasin et laissez sécher un peu. Coupez la première abaisse en bandes de 5 cm de largeur.

5 Superposez les bandes, alignez les bords. Puis découpez-les en languettes de 5 mm de largeur.

6 Déposez les pâtes sur un torchon propre. Faites de même avec les autres abaisses.

Orecchiette à la roquette

Les *orecchiette*, en français " petites oreilles ", sont très souvent faites maison. Pour leur donner leur forme caractéristique, les petites boulettes de pâte sont pressées avec le pouce.

Ingrédients
320 g d'*orecchiette*
La sauce
500 g de tomates bien mûres
80 g d'oignons
4 c. à soupe d'huile d'olive
Sel, poivre du moulin
80 g d'olives noires
La garniture
100 g de roquette, sel
150 g de jambon séché à l'air
3 gousses d'ail
2 c. à soupe d'huile d'olive
Et aussi
120 g de *pecorino* fraîchement râpé

Ébouillantez les tomates pour les peler, retirez les pédoncules et les graines. Coupez la chair en petits dés. Épluchez les oignons et émincez-les très fin. Chauffez l'huile d'olive dans une casserole, puis faites blondir les oignons. Ajoutez les tomates, salez et poivrez. Laissez cuire à feu moyen pour faire fondre les tomates. Mélangez les olives, retirez du feu et réservez.

Faites cuire les pâtes 12 à 15 min dans une grande quantité d'eau bouillante salée. Le temps de cuisson sera plus long qu'à l'accoutumée pour que les pâtes soient cuites *al dente*.

Nettoyez, lavez et essorez la roquette. Découpez le jambon en petits dés. Pelez l'ail puis coupez-le en très fines lamelles.

Chauffez l'huile d'olive dans une casserole à part pour faire rapidement rissoler l'ail et le jambon en remuant constamment. Ajoutez la roquette pendant 1 min à la cuisson. Retirez du feu et réservez. Mélangez les pâtes, la roquette et le jambon. Répartissez avec la sauce sur les assiettes, saupoudrez de fromage.

Stringoli à la sauce tomate

Les variétés de pâtes plus compactes, comme les *stringoli* de l'Italie du Sud ou les *orecchiette* s'accommodent très bien avec la roquette.

La pâte
300 g de farine de blé tendre, type 45
100 g de semoule de blé dur
2 œufs
2 c. à soupe de persil haché
1 c. à café de sel
2 c. à soupe d'huile d'olive
La sauce tomate
60 g d'oignon blanc pelé
1 gousse d'ail pelée
20 g de roquette
500 g de chair de tomates olivettes
3 c. à soupe d'huile d'olive
Sel, poivre du moulin
La garniture
1/2 bouquet de roquette
Huile pour la friture
2 c. à soupe de *masacarpone*
1 c. à soupe de crème fleurette

Préparez la pâte pour les *stringoli*, enveloppez-la dans de l'aluminium et laissez-la reposer 1 h. Formez de minces boudins d'environ 10 cm de long. Laissez-les sécher 15 min sur une planche farinée.

Pour la sauce, émincez finement les oignons et l'ail. Équeutez et lavez la roquette. Essorez les feuilles et hachez-les finement. Coupez la chair de tomates en petits dés. Chauffez l'huile et faites blondir les oignons et l'ail. Ajoutez les tomates et laissez mijoter à feu doux pendant 10 min.
Salez, poivrez et mélangez avec la roquette.

Épluchez et laver la roquette. Faites-la frire dans de l'huile chaude. Puis faites cuire les pâtes *al dente*, 10 à 15 min, dans une grande quantité d'eau bouillante salée. Égouttez-les et mélangez-les à la sauce tomate. Disposez le plat avec la roquette frite et le *mascarpone*.

Gratin de macaronis

La pâte
200 g de farine, 2 œufs
1 c. à café d'huile, sel
15 g d'un mélange de sauge, thym, persil ciselés

La farce
200 g de foie de lapin
250 g de lapin, prêt à cuire
80 g d'oignons, 70 g de carottes
70 g de céleri-rave, 1/2 bouquet de persil
50 g d'olives noires
100 g de champignons
2 c. à soupe d'huile d'olive
10 cl de vin rouge
1 c. à soupe de concentré de tomates
20 cl de bouillon de veau
Sel, poivre du moulin
25 g de beurre, 300 g de macaronis
120 g d'*asiago* fraîchement râpé

Pour la pâte, mélangez les ingrédients et pétrissez le tout. Enveloppez-la d'aluminium et laissez reposer 1 h au frais. Pour la farce, parez les foies de lapins et coupez-les en petits morceaux. Passez la viande de lapin au hachoir moyen. Épluchez les légumes et coupez-les en petits dés. Lavez le persil et hachez-le comme les olives. Nettoyez les champignons et coupez-les en lamelles.Dans une casserole faites revenir tous les légumes. Ajoutez la viande et faites rissoler rapidement. Mouillez avec le vin, laissez réduire un peu. Ajoutez le concentré de tomates, le bouillon et le persil ; salez et poivrez. Laissez mijoter 20 min à feu doux. Ajoutez les olives 5 min avant la fin de la cuisson. Dans une poêle à part, faites rissoler les champignons, le foie, ajoutez ensuite à la viande à la dernière minute.

Faites cuire les macaronis *al dente* dans une grande quantité d'eau bouillante salée. Étalez la pâte sur le plan de travail de manière à obtenir 3 fines abaisses d'environ 26 x 18 cm. Faites-les cuire au fur et à mesure dans une grande quantité d'eau bouillante salée pendant 2 min.

Retirez et égouttez.

Déposez une des abaisses de pâte dans un plat à four préalablement beurré. Recouvrez-la d'une couche de macaronis et de la moitié de la farce, puis saupoudrez d'1/3 du fromage râpé. Répétez la démarche. La dernière couche sera une abaisse de pâte. Saupoudrez du restant de fromage et placez les petits morceaux de beurre dessus. Faites cuire 30 min au four préchauffé à 200 °C.

Les meules d'*asagio* portent visiblement leur certificat d'origine, marqué au fer. L'*asagio piccante*, qui mûrit une année, s'utilise de préférence comme fromage râpé.

Lasagnes à la bolognaise

Pour la préparation de la sauce tomate à la viande, vous pourrez remplacer la viande de bœuf par de l'agneau. Des feuilles de lasagnes fraîches sont assez faciles à réaliser soi-même, mais des plaques de lasagnes sèches peuvent vous faire gagner du temps ; dans ce cas, prévoyez 16 feuilles.

Ingrédients
600 g de feuilles de lasagne fraîches
La sauce bolognaise
60 g d'oignons, 70 g de carottes
50 g de racine de persil
80 g de céleri en branche, 2 c. à soupe d'huile
40 g de beurre, 500 g de viande de bœuf maigre hachée
2 c. à soupe de concentré de tomates
250 g de tomates pelées en boîte avec leur jus
1 c. à soupe de persil haché, 1 c. à café de thym ciselé
1 c. à café de basilic ciselé, 12 cl de bon bouillon de viande
12 cl de vin rouge

La sauce béchamel
25 g de beurre, 30 g de farine
50 cl de lait, 1 pincée de noix de muscade râpée

Et aussi
Un plat à four de 30 x 20 cm
Beurre pour le plat
80 g de parmesan frais râpé

Pour la sauce, hachez les oignons. Nettoyez et émincez finement la carotte, la racine de persil et le céleri avec les feuilles.

Dans une casserole, faites chauffer l'huile avec le beurre, ajoutez la viande hachée et laissez revenir à flamme forte jusqu'à ce que la viande soit bien cuite. Ajoutez les légumes émincés et le concentré de tomates puis remuez le tout quelques instants. Ajoutez les tomates pelées avec leur jus, le sel, le poivre et les herbes, le bouillon et le vin. Laissez mijoter 50 min.

Lasagnes à la bolognaise

Pour la béchamel, faites fondre le beurre, ajoutez la farine et remuez quelques instants sans laisser brunir. Versez le lait tiède, remuez pour obtenir une consistance lisse et portez à ébullition. Assaisonnez de sel, de poivre et de noix de muscade râpée et laissez mijoter à feu doux pendant 20 min sans cesser de remuer. Retirez du feu et passez au tamis.

Plongez les feuilles de lasagne dans de l'eau bouillante salée (5 min pour les pâtes sèches, 3 min pour les fraîches). Retirez-les soigneusement à l'aide d'une écumoire, déposez-les à plat séparément et recouvrez d'un torchon humide.

Beurrez le plat et tapissez le fond de 4 feuilles de lasagnes se chevauchant à peine. Procédez ensuite comme indiqué ci-dessous. Mettez les lasagnes au four préchauffé à 180 °C et laissez cuire environ 40 min, jusqu'à ce que le dessus soit légèrement doré.

1 Répartissez uniformément la moitié de la sauce à la viande sur le fond de pâte.

2 Disposez par-dessus 4 feuilles de lasagnes, comme précédemment, et nappez de la moitié de sauce béchamel.

3 Recommencez, terminez par la béchamel et saupoudrez de parmesan.

Penne rigate aux cèpes et à la crème

Les pâtes fraîches accompagnées de cèpes frais sont un vrai régal. La sauce *alla panna*, c'est-à-dire à la crème, les met particulièrement en valeur.

Ingrédients
400 g de *penne rigate*
500 g de cèpes frais
100 g de jambon de Parme
25 cl de crème fleurette
30 g de beurre
60 g d'oignons émincés
40 g de racine de persil finement hachée
2 c. à soupe de persil
Sel, poivre du moulin
Et aussi
Parmesan fraîchement râpé

Nettoyez les cèpes avec soin, il faut qu'il vous en reste au moins 350 g. Coupez-les en lamelles dans le sens de la longueur. Taillez le jambon de Parme en tranches de 2 mm d'épaisseur, puis en dés d'environ 1 cm. Faites chauffer la crème à petits bouillons de manière à la réduire de moitié.

Faites fondre le beurre pour blondir les échalotes et la racine de persil. Ajoutez les cèpes et le jambon et faites rissoler le tout rapidement. Versez la crème dans la poêle ; parsemez de persil et laissez mijoter jusqu'à ce que les cèpes soient fondants. Quelques minutes de cuisson suffisent.

Faites cuire les pâtes *al dente*, égouttez-les, puis mélangez-les aussitôt avec la sauce. Salez et poivrez. Répartissez dans des assiettes, saupoudrez de parmesan et servez.

Servis avec une délicate sauce aux cèpes, même les rustiques *penne rigate* sont un vrai régal. Si vous souhaitez rehausser le goût des cèpes, vous ajouterez quelques grammes de cèpes séchés à la sauce. Pour cela, on les trempe pendant 30 min dans l'eau pour ensuite les hacher très fin et les faire cuire avec la sauce.

Gratin de pâtes et de légumes

Ingrédients
250 g d'aubergines
200 g de courgettes
100 g de céleri branche
170 g de pulpe de tomates
60 g d'oignons émincés
1 gousse d'ail émincée
1 c. à café de sauge ciselée
Sel, poivre noir du moulin
12 cl de vin rouge sec
300 g de pâtes
La sauce au fromage
100 g de *pecorino* râpé
20 cl de crème fleurette
3 jaunes d'œufs
1 c. à soupe d'herbes aromatiques ciselées
Sel, poivre du moulin
Noix de muscade râpée
Et aussi
Un peu de beurre pour graisser le plat
50 g de beurre fondu

Ôtez le pédoncule de l'aubergine et coupez-la en dés de 1 cm. Tranchez les courgettes et le céleri branche en fines rondelles. Coupez la pulpe de tomates en petits dés. Chauffez l'huile et faites blondir les oignons et l'ail. Ajoutez les légumes à la poêle et faites revenir à feu vif 4 à 5 min. Ajoutez ensuite les tomates, les épices et le vin. Laissez cuire le tout à feu moyen, à découvert, jusqu'à ce que les légumes soient tendres et le vin réduit de moitié.

Faites cuire les pâtes *al dente*, puis mélangez-les avec les légumes. Beurrez un plat allant au four et remplissez-le de tout ces ingrédients. Mélangez le *pecorino* avec la crème et les jaunes d'œufs, puis ajoutez les herbes aromatiques (persil, livèche, marjolaine et romarin). Assaisonnez de sel, de poivre et de noix de muscade. Nappez le plat de la sauce et mettez-le à gratiner au four préchauffé à 200 °C pendant 20 à 25 min.

Le petit plus : pour un gratin bien doré, arrosez-le régulièrement de quelques gouttes de beurre fondu pendant la cuisson.

Raviolis aux épinards et à la ricotta

La pâte
300 g de farine de blé tendre, fluide, type 45
2 œufs, 4 jaunes d'œufs
1/3 c. à café de sel

La farce
300 g de feuilles d'épinards fraîches
200 g de *ricotta*
Poivre du moulin
Noix de muscade râpée
100 g de parmesan râpé
2 jaunes d'œufs

Et aussi
1 blanc d'œuf pour enduire la pâte
6 feuilles de sauge
80 g de beurre
Parmesan râpé

1 Dans un saladier, mélangez délicatement la *ricotta*, 1/2 c. à café de sel et les autres ingrédients pour la farce, vous obtiendrez une crème onctueuse.

2 Distribuez la farce dans les petits creux. Enduisez la pâte d'un peu de blanc d'œuf au cas où elle aurait séché.

3 Recouvrez d'une autre couche de pâte. Passez doucement le rouleau à pâtisserie sur le tout, sans déplacer la farce.

Tamisez la farine en tas sur le plan de travail, faites une fontaine au milieu et cassez-y les œufs entiers. Ajoutez les jaunes d'œufs et le sel, puis incorporez peu à peu la farine avec une fourchette.Pétrissez pour obtenir une pâte souple. Ajoutez de l'eau si nécessaire. Enveloppez la pâte dans de l'aluminium et laissez-la reposer 1 h.

Pour la farce, lavez les épinards et faites-les blanchir 1 à 2 min dans de l'eau salée. Égouttez et plongez les feuilles dans de l'eau glacée. Égouttez en pressant. Hachez-les et déposez-les dans un grand saladier.

Étalez la pâte pour obtenir deux abaisses fines. Déposez l'une sur le moule fariné qui sert à découper les raviolis. Répartissez la farce dans les creux.

Retirez les raviolis farcis de la forme. Faites-les cuire 4 à 5 min dans de l'eau bouillante salée. Retirez-les avec une écumoire, laissez égoutter. Coupez les feuilles de sauges en lanières. Faites fondre le beurre pour faire revenir la sauge. Arrosez de beurre à la sauge et saupoudrez de parmesan.

Glossaire

agnolotti — Pâte repliée sur une farce, du type ravioli.

asagio — Fromage à pâte pressée, demi-dure, très finement trouée.

bucatini — Spaghettis creux au milieu.

al dente — Degrés de cuisson des pâtes, elles doivent être encore un peu fermes sous la dent mais sans résistance à cœur.

cannelloni — Pâtes farcies en forme de rouleaux.

conchigliette — Pâtes en forme de petites coquilles.

fazzoletti — Pâtes en forme de plaques de lasagnes.

fettucine — Longues pâtes plates un peu plus larges que les tagliatelles.

fontina — Fromage à pâte pressée demi-dure.

fusilini — Pâtes trouées en spirales.

garganelle — Petite pâte trouée et striée de 6 cm environ : losange de pâte enroulé autour d'une mince baguette.

gnocchetti — Petits gnocchis.

gnocchis — Les gnocchis sont réalisés à base de pomme de terre.

guanciale — Joue de porc salée et parfois légèrement fumée.

macaronis — Longues pâtes trouées.

mozarella — Fromage frais à pâte filée.

orecchiette — Pâtes sans œuf ayant la forme de petites oreilles, on peut les réaliser soi-même facilement : un mince boudin de pâte est coupé en petites tranches qui sont ensuite pressées avec le pouce sur le plan de travail.

pancetta — Poitrine de porc, salée mais en général non fumée utilisée en général sous forme de lardons.

pansotti — Pâte à base de blé dur et de farine . de blé tendre ou de farine de blé tendre et d'œufs.

parmesan — Fromage à pâte très dure, à base de lait de brebis, de chèvre ou de vache.

pappardelle — Pâtes en forme de bandelettes plates de 1, 5 à 2 cm de large.

penne rigate — Penne marqués de rainures.

peperoncini — Piments utilisés comme condiment (à na pas confondre avec les peperoni, poivrons ou piments doux)

perciatelli — Pâtes longues fines et creuses.

pizzoccheri — Petites pâtes courtes et plates, à base de farine de sarrasin.

ricotta — Fromage frais battu.

spaghettis chitara — Spaghettis au profil carré.

stringoli — Petites pâtes allongées en forme de haricot à base de farine, de semoule de blé et de persil haché.

tagliatelles — Longues pâtes plates et fines d'une largeur de 5 mm.

tortellinis — Pâtes repliées sur une farce, du type ravioli.